Oludamola Durodola

Um estudo de caso sobre a literacia financeira e o bem-estar dos imigrantes

Oludamola Durodola

Um estudo de caso sobre a literacia financeira e o bem-estar dos imigrantes

ScienciaScripts

Imprint

Cover image: www.ingimage.com

This book is a translation from the original published under ISBN 978-620-2-02934-6.

Publisher:
Sciencia Scripts
is a trademark of
Dodo Books Indian Ocean Ltd. and OmniScriptum S.R.L publishing group

120 High Road, East Finchley, London, N2 9ED, United Kingdom
Str. Armeneasca 28/1, office 1, Chisinau MD-2012, Republic of Moldova, Europe
Printed at: see last page
ISBN: 978-620-8-20161-6

ÍNDICE DE CONTEÚDOS:

Resumo

As fontes de educação em literacia financeira acessíveis aos imigrantes no Canadá e a relação entre a literacia financeira dos imigrantes e as decisões financeiras podem ter um impacto negativo no seu bem-estar e no crescimento da população do Canadá. O objetivo deste estudo de caso qualitativo e exploratório foi explorar as fontes de formação em literacia financeira dos imigrantes imediatamente após a sua chegada ao Canadá e a relação entre os seus conhecimentos financeiros e as suas decisões financeiras. A hipótese do ciclo de vida, a teoria da escolha racional e a teoria da racionalidade limitada fundamentaram o estudo. A recolha de dados da amostra intencional incluiu entrevistas presenciais semiestruturadas a 13 imigrantes adultos e uma discussão em grupo com 6 imigrantes adultos, todos eles a viver, trabalhar ou ter um negócio na cidade de Lloydminster. Os dados foram recolhidos entre 12 e 19 de dezembro de 2016. Utilizando o procedimento analítico de dados em 5 passos de Yin, os 6 temas que descreveram o padrão entre o bem-estar dos imigrantes e os seus níveis de literacia financeira são as instituições sociais, as instituições económicas, a pressão com impacto nas decisões financeiras, a facilidade de crédito com impacto nas decisões financeiras, as emoções com impacto nas decisões financeiras e as ofertas de desconto com impacto nas decisões financeiras. Os resultados deste estudo qualitativo podem desencadear uma mudança social positiva se os imigrantes no Canadá desenvolverem os seus níveis de literacia financeira e se mantiverem empenhados em tomar decisões financeiras sensatas.

Palavras-chave: Literacia financeira, decisões financeiras, crescimento populacional, imigrantes, hipótese do ciclo de vida.

Capítulo 1. Introdução

O crescimento da população é um pré-requisito importante para o crescimento económico saudável de um país (Nadeau, 2011), e o programa de imigração do governo canadiano foi criado para incentivar o crescimento económico no Canadá. Dungan, Fang e Gunderson (2013) observaram que o afluxo de imigrantes ao Canadá resultou numa melhoria significativa do produto interno bruto (PIB) real canadiano e do PIB per capita. Os imigrantes são indivíduos ou grupos de pessoas que se deslocam temporária ou permanentemente de uma região geográfica para outra devido a uma série de factores, como a instabilidade económica e política (Heilbrunn, Gorodzeisky & Glikman 2016). O programa de imigração canadiano expandiu as actividades no mercado de trabalho interno canadiano, eliminando o problema particular da escassez aguda de competências, frequentemente observada anteriormente em profissões designadas (Nadeau, 2011; Oreopoulos, 2011). Não obstante o contributo positivo do programa de imigração canadiano para o mercado de trabalho canadiano, a integração na sociedade canadiana representa um desafio significativo para os imigrantes. Os imigrantes enfrentam um novo ambiente macroeconómico e novas decisões financeiras (Oreopoulos, 2011). A literacia financeira pode travar o aumento da dívida (Keown, 2011; Steele & Anderson, 2016). Steele e Anderson (2016) observaram que, devido ao facto de os consumidores serem bombardeados diariamente com uma enxurrada de decisões financeiras, juntamente com um mercado financeiro que oferece uma vasta gama de instrumentos de dívida, é necessário um elevado nível de conhecimentos financeiros para tomar decisões monetárias. Keown (2011), no entanto, mostrou que os imigrantes no Canadá possuem um nível extremamente baixo de educação financeira.

Keown (2011) realizou um inquérito nacional aos canadianos com idades compreendidas entre os 18 e os 64 anos para determinar o seu nível de literacia financeira. O inquérito baseou-se no Canadian Financial Capability Survey de 2009 e incluiu 14 perguntas objectivas relacionadas com a inflação, taxas de juro, relatórios de crédito, notações de crédito, acções e risco, seguros, tributação, dívidas e empréstimos e comissões bancárias. Os canadianos que participaram no inquérito obtiveram uma pontuação média de 64%, o que significa que acertaram em 9 das 14 perguntas. Os imigrantes que participaram neste inquérito obtiveram pontuações mais baixas em termos de conhecimentos financeiros do que os canadianos. Esta constatação sugere que os imigrantes são deficientes em conceitos básicos de literacia financeira e, por conseguinte, não possuem os conhecimentos financeiros necessários para se instalarem com êxito no Canadá. Não é claro se o Governo assegura suficientemente a educação financeira dos imigrantes. Por exemplo, a Agência dos Consumidores Financeiros do Canadá tem uma secção de informação sobre literacia financeira num guia de boas-vindas que é normalmente entregue aos recém-chegados quando chegam à fronteira canadiana. Esta secção destaca conceitos financeiros fundamentais, tais como dinheiro, impostos, bancos e créditos, e empréstimos. Este documento representa o único recurso de informação patrocinado pelo governo disponível para os recém-chegados ao Canadá (Financial Consumer Agency of Canada, 2014). Foram realizados vários estudos sobre a literacia financeira e o bem-estar económico. No entanto, uma lacuna notável na literatura é a ausência de estudos que examinem as fontes de literacia financeira dos imigrantes canadianos imediatamente após a sua chegada às costas do Canadá e a ligação entre a sua educação financeira e as decisões financeiras. Este estudo explora as fontes de educação financeira dos imigrantes canadianos imediatamente após a sua chegada ao Canadá e também investiga possíveis padrões que possam existir entre o nível atual de literacia financeira dos imigrantes no Canadá e as suas decisões financeiras. O objetivo é determinar se os imigrantes no Canadá têm acesso a fontes credíveis de educação financeira que lhes permitam gerir os seus assuntos financeiros com sucesso, ou se é necessário fazer mais para ajudar os imigrantes a ultrapassar a ingenuidade financeira e a instalarem-se de forma mais rentável na sociedade canadiana.

Capítulo 2. Revisão da literatura

2.1 Quadro teórico

A literacia financeira gira em torno dos conceitos rudimentares de poupança e consumo; por conseguinte, o enquadramento teórico deste estudo reflecte a hipótese do ciclo de vida (LCH) proposta por Modigliani e Brumberg (1954). Esta hipótese descreve o comportamento ideal de um agente económico individual no que respeita ao rendimento, à poupança e ao consumo do ponto de vista microeconómico. De acordo com a LCH, espera-se que um indivíduo organize os seus padrões de poupança e consumo de forma a manter a utilidade marginal ao longo da vida (Lusardi & Mitchell, 2014). A LCH pressupõe, em geral, que um indivíduo tem os conhecimentos financeiros e a sofisticação necessários para organizar a poupança e o consumo de forma a maximizar a sua utilidade em cada momento da sua vida (Lusardi & Mitchell, 2014). A LHC fornece um argumento equilibrado sobre os desafios enfrentados quando se tenta decidir os níveis de consumo actuais e futuros (Elsayed & Wahba 2016).

Com base no rendimento atual e na perspetiva de rendimento futuro, os indivíduos são propensos a ajustar os seus padrões de consumo de forma aleatória. Normalmente, quando os rendimentos auferidos ficam aquém das expectativas devido a incertezas macroeconómicas, como a perda de emprego, a perda de lucros ou uma recessão económica, os indivíduos tendem a consumir para além dos seus rendimentos, numa tentativa de manter a utilidade marginal. Depois, quando o consumo excede o rendimento, a diferença é captada através de empréstimos (Friedman, 2016; Lusardi & Mitchell, 2014). Por outro lado, quando o rendimento auferido excede o consumo, o excesso é guardado como poupança para o futuro (Lusardi, & Mitchell, 2014; Setterfield, & Kim, 2016). Considerando o padrão aleatório exibido pelo rendimento, as famílias devem poupar no período atual para acumular riqueza que possa ajudar a manter um consumo regular no futuro quando o rendimento cair (Modigliani, 1966). A LCH é dinâmica no tempo ao longo da vida de um indivíduo porque o consumo e a poupança das famílias não se baseiam apenas no rendimento atual, mas dependem também da situação financeira futura. Os consumidores individuais, quando são jovens, planeiam poupar dinheiro em antecipação de um momento no futuro em que se reformarão do trabalho; nessa altura, quererão ser capazes de manter o seu nível de vida enquanto vivem das suas poupanças. Na fase de reforma da vida, os indivíduos são normalmente obrigados a consumir mais e a poupar menos (Friedman, 2016).

2.2 População canadiana e programa de imigração

Desde 1960, a imigração tem sido uma fonte significativa de crescimento populacional em países como a Austrália, a Nova Zelândia, os Estados Unidos e o Canadá (Bonikowska, Hou, & Picot, 2016; Peters & Vink 2016). Entre as fontes notáveis de imigrantes contam-se a África, a Ásia, as Caraíbas e o Médio Oriente (Peters & Vink 2016). Em resultado desta tendência migratória, a maioria dos países desenvolvidos que recebem o afluxo de migrantes tornou-se cada vez mais diversificada em termos de cultura e etnia (Morissette & Galarneau, 2016; Peters & Vink 2016). A imigração é considerada a identidade que define o Canadá e um componente significativo da estratégia de construção da nação canadiana (Amoyaw & Abada, 2016). Os imigrantes vêm para o Canadá porque foram patrocinados por famílias no Canadá; porque têm formação internacional; porque são refugiados, trabalhadores estrangeiros temporários, cuidadores residentes, imigrantes de negócios ou pessoas protegidas; ou porque são casos humanitários e compassivos, estudantes estrangeiros ou nomeados provinciais (Mukhtar, Dean, Wilson, Ghassemi, & Wilson 2016).

A taxa média de chegada de imigrantes ao Canadá foi de cerca de 250 000 por ano, o que faz do Canadá um dos destinos mais atractivos para os imigrantes de todo o mundo (Citizenship and Immigration Canada, 2016). Dados anedóticos mostram que os imigrantes representam mais de 20% da população total do Canadá, a proporção mais elevada entre os países do G8 (Citizenship and Immigration Canada, 2016). A manutenção de um crescimento significativo da economia canadiana depende do sucesso do programa de imigração canadiano (Avni, 2012). Uma vez que o mercado de trabalho canadiano se caracteriza pela escassez de competências em determinadas profissões, os imigrantes qualificados constituem a forma mais eficaz de preencher o vazio (Avni, 2012). Ao preencher o vazio, os estrangulamentos da produção são melhorados, provocando assim um crescimento positivo do PIB per capita canadiano (Dungan et al., 2010; Nadeau, 2011).

Do lado da procura da economia, um influxo de imigrantes estimula naturalmente a procura agregada em todos os sectores da economia, desde os bens de consumo ao imobiliário (Dungan et al., 2010). Do lado da oferta da economia, um afluxo de imigrantes leva a um aumento do volume de transacções e de actividades económicas (Dungan et al., 2010). Os imigrantes que entram no mercado de trabalho aumentam as receitas fiscais do Estado (Dungan et al., 2010). Um afluxo de famílias jovens como imigrantes ajuda a equilibrar uma população envelhecida, como é o caso do Canadá.

De acordo com as diretrizes canadianas em matéria de imigração, os imigrantes que desembarcam no Canadá devem vir com fundos livres para a sua manutenção pessoal enquanto aguardam o momento em que irão assegurar empregos remunerados (Citizenship and Immigration Canada, 2016). Dungan et al. (2010) observaram que 100 000 imigrantes que chegaram ao Canadá em 2009 trouxeram 1,1 mil milhões de dólares como entrada de capital estrangeiro, o que constitui uma injeção no sistema canadiano. Os imigrantes também contribuem para a inovação no Canadá em virtude da sua experiência internacional (Dungan et al., 2010).

Os imigrantes admitidos no Canadá ao abrigo da categoria de empresas tiveram um impacto positivo direto no crescimento do PIB através da entrada de capital e da utilização de injecções de dinheiro para criar empresas que também criam emprego (Green, Liu, Ostrovsky, & Picot, 2016). Green et al. (2016) observaram que a taxa a que os imigrantes com espírito empreendedor criam empresas é superior à taxa a que os seus homólogos nascidos no Canadá criam empresas. Por outras palavras, a propensão para trabalhar por conta própria é mais elevada entre os imigrantes do que entre os indivíduos nascidos no Canadá. O programa de imigração do Canadá foi concebido para proporcionar uma vantagem económica ao Canadá no mercado global. Como tal, a maioria dos imigrantes admitidos no Canadá possui um conjunto de competências de eleição, elevados níveis de educação e é ainda muito enérgica e ativa no mercado de trabalho (Amoyaw & Abada, 2016; Fuller & Martin, 2012). Da discussão anterior, é evidente que os imigrantes no Canadá têm um impacto positivo na economia canadiana (Dungan et al., 2010) e que os imigrantes são importantes para o futuro posicionamento competitivo do Canadá no mercado global (Avni, 2012).

2.3Literacia financeira e bem-estar

A literacia financeira refere-se à aplicação adequada do conhecimento dos conceitos financeiros para tomar decisões informadas, eficazes e produtivas em matéria de dinheiro (Atkinson & Messy 2012; Capuano & Ramsay, 2011). Um grande número de estudos examinou a relação entre a literacia financeira e o comportamento financeiro. Para os consumidores dos Estados Unidos, existe uma relação estatisticamente significativa entre os conhecimentos financeiros e as práticas financeiras. Os consumidores que sabem mais sobre gestão de tesouraria, gestão de crédito, poupança e investimento tomam melhores decisões em matéria de dinheiro. Estes consumidores informados tendem a ter bons hábitos de poupança, a pagar os empréstimos pendentes e a possuir uma excelente pontuação de crédito (Hilgert, Hogarth, & Beverly, 2003). Do mesmo modo, Sarnovics, Mavlutova, Peiseniece e Berzina (2016) observaram que os consumidores que possuíam conhecimentos financeiros básicos eram melhores investidores, conseguiam gerir as suas dívidas de forma responsável e eram capazes de efetuar um orçamento adequado.

No caso da Nova Zelândia, as pequenas empresas só têm boas hipóteses de sobrevivência e crescimento se os seus gestores possuírem certas competências básicas de literacia financeira, como a orçamentação de tesouraria, a gestão do fluxo de caixa, a taxa de juro e a inflação. Estas competências financeiras básicas são úteis quando se tomam decisões relativas ao financiamento das empresas e à forma de evitar a insolvência (Samkin, Pitu, & Low 2014). No Uganda, as pequenas e médias empresas (PME) têm boas hipóteses de ver o seu pedido de empréstimo aprovado se o banco considerar que estão bem equipadas para gerir eficazmente as decisões financeiras (Korutaro Nkundabanyanga, Kasozi, Nalukenge, & Tauringana 2014). A literacia financeira desempenha um papel influente no resultado de uma campanha de marketing de produtos financeiros. Os consumidores que têm conhecimentos sobre conceitos financeiros tendem a responder melhor à campanha de marketing de produtos financeiros das instituições financeiras. Entretanto, os consumidores que são financeiramente analfabetos podem ter dificuldade em compreender os atributos e benefícios do produto e, como tal, podem responder negativamente a essa campanha (DeArmond 2010).

Os consumidores financeiramente ingénuos acabam por ser explorados pelos bancos emissores de cartões de crédito, que os induzem a subscrever cartões de crédito com taxas de juro elevadas. Entretanto, os consumidores com excelentes conhecimentos financeiros acabam, na maior parte das vezes, por obter cartões de crédito de baixo custo e elevado benefício. Esta constatação implica que os consumidores que ignoram os conceitos financeiros acabam por acumular dívidas excessivamente devido a aparentes más escolhas (Ricaldi, Finke, & Huston 2013). A conclusão anterior sugere ainda que a literacia financeira é um requisito fundamental para a escolha de instrumentos de dívida adequados e rentáveis. Na mesma linha, Allgood e Walstad (2011) afirmaram que existe uma relação significativa entre a literacia financeira e o comportamento em relação ao cartão de crédito. Na Índia, a inclusão financeira pode ser alcançada numa economia se o nível de literacia financeira for melhorado a nível nacional. A inclusão financeira, neste caso, é definida como a percentagem de toda a população com acesso a serviços bancários, por oposição aos que não têm privilégios bancários (Raina 2014). A sociedade indiana caracteriza-se, em geral, por um baixo nível de literacia financeira. Em particular, observou-se que certos grupos demográficos, como as mulheres, os indivíduos com baixo nível de educação, as famílias com baixos rendimentos, as minorias étnicas e a população idosa, possuem um nível extremamente baixo de literacia financeira. Esta observação conduziu, consequentemente, a um caso extremo de exclusão financeira, em que uma percentagem significativa da população continua a não ter acesso a serviços bancários. Esta análise sugere ainda que, uma vez que a literacia financeira pode contribuir positivamente para o desenvolvimento económico e social, o Reserve Bank of India tem a responsabilidade de promover a literacia financeira (Singh, 2014).

Dados dos Estados Unidos, dos Países Baixos e da Alemanha sugerem que a literacia financeira é mais baixa para as mulheres do que para os homens. Uma vez que as mulheres tendem a viver mais tempo do que os homens, a baixa literacia financeira das mulheres implica que as mulheres reformadas ou de idade avançada podem acabar por fazer más escolhas em matéria de decisões financeiras, o que é normalmente acompanhado de dificuldades económicas (Bucher-Koenen, Lusardi, Alessie, & Van Rooij 2014).

O atual nível de literacia financeira na Austrália melhorou significativamente em comparação com uma década atrás. Tendo em conta a recente proliferação de uma vasta gama de instrumentos financeiros no sector bancário e a agressividade do marketing dos prestadores de serviços financeiros em todo o país, ainda há margem para melhorias (Worthington 2013).

A literacia financeira afecta a prevenção do fenómeno dos sem-abrigo na Austrália. Os indivíduos com literacia financeira estão bem equipados para organizar as suas finanças, de modo a evitar atrasos no pagamento ou o não pagamento das suas obrigações hipotecárias. Além disso, o aconselhamento financeiro e a formação financeira podem atenuar o efeito negativo do stress psicológico sofrido pelas famílias com dificuldades financeiras. A qualidade da educação financeira recebida também melhorou a capacidade das famílias para gerir as suas finanças e ajudou-as a enfrentar a instabilidade económica (Steen & Mackenzie 2013). Existe uma forte associação entre a literacia financeira e o comportamento dos consumidores em matéria de decisões relativas a produtos financeiros na Austrália. Os indivíduos com níveis mais elevados de literacia financeira comportam-se de forma optimizada no que diz respeito às decisões relacionadas com as finanças. Os dados sugerem que os australianos em geral possuem níveis razoavelmente elevados de literacia financeira, enquanto a classe média e os australianos tradicionalmente desfavorecidos possuem uma literacia financeira inferior à média. Por conseguinte, para melhorar a forma como os consumidores se comportam em relação ao consumo de produtos financeiros, o grupo demográfico com baixo nível de literacia financeira necessita de educação financeira (Capuano & Ramsay 2011).

Na mesma linha, um inquérito a estudantes universitários australianos revelou um nível geralmente baixo de educação financeira pessoal. Verificou-se uma associação significativa entre o domínio de estudo de um estudante e o seu conhecimento de conhecimentos financeiros básicos. Os estudantes que estudam gestão como disciplina têm um melhor conhecimento do conceito de finanças do que os estudantes de ciências da saúde e artes. Esta constatação apoia a necessidade de um programa proactivo para dotar os estudantes universitários de um nível adequado de educação financeira (Cull & Whitton 2011)

Motivados pela convicção de que a segurança financeira nacional só pode ser alcançada se os cidadãos forem financeiramente instruídos, Taylor e Wagland (2011) examinaram as políticas e iniciativas governamentais existentes postas em prática para melhorar a literacia financeira na Austrália e na Nova Zelândia. As suas conclusões mostraram que, apesar de se ter registado uma melhoria marginal do nível de literacia financeira no período em estudo (2008-2010) em ambos os países, uma minoria de cidadãos manteve um baixo nível de literacia financeira. Os autores recomendaram que fosse dada mais atenção à literacia financeira do grupo desfavorecido.

Capítulo 3. Objetivo do estudo e questões de investigação

Keown (2011) observou que existe uma forte ligação entre a literacia financeira e os comportamentos financeiros, como a poupança e a procura de facilidades de crédito. É razoável supor que os imigrantes que chegam ao Canadá com poucos conhecimentos sobre o sistema financeiro canadiano terão tendência a apresentar comportamentos financeiros contraproducentes.

Zuhair, Wickremasinghe e Natoli (2015) afirmaram que os imigrantes recém-chegados enfrentam desafios no que diz respeito ao acesso à informação financeira e ao tratamento geral das questões financeiras no seu novo ambiente. Como resultado, uma série de decisões financeiras mal informadas conduzem frequentemente a consequências socioeconómicas adversas. Por exemplo, a acumulação de dívidas devido a más escolhas pode impedir os imigrantes de atingirem objectivos importantes no futuro, como comprar uma casa, prosseguir os estudos e poupar para a reforma (Pooler, & He, 2016; Strauss, & McGrath, 2016). As más decisões financeiras podem mesmo conduzir a problemas sociais e psicológicos mais complicados, como o divórcio, a doença mental, o stress emocional, a depressão e a baixa autoestima (Capuano & Ramsay, 2011; O'Donovan 2016). Neste contexto, o presente documento explora as fontes de educação em literacia financeira disponíveis para os imigrantes canadianos imediatamente após a sua chegada ao Canadá e explora também a aplicabilidade dos seus conhecimentos financeiros adquiridos às decisões financeiras do dia a dia.

O estudo procura responder às seguintes questões:

1) Quais são as fontes de educação em matéria de literacia financeira para os imigrantes?

2) Como é que o nível de literacia financeira dos imigrantes afecta as suas decisões financeiras?

Capítulo 4. Metodologia da investigação

Para este estudo, seguimos a abordagem qualitativa porque o nosso objetivo central é descobrir ou explorar um determinado fenómeno. A investigação qualitativa permite uma exploração e compreensão aprofundadas da interpretação dada por grupos ou indivíduos a problemas sociais ou humanos (Malagan-Maldonado 2014). A tradição da investigação qualitativa permite também a utilização do raciocínio indutivo para sintetizar dados textuais ou narrativos. Este método de investigação centra-se nos dados textuais, por oposição aos dados numéricos, como é o caso da investigação quantitativa. Além disso, a investigação qualitativa é subjectiva, uma vez que expõe o investigador a múltiplas realidades relativamente a um determinado fenómeno que está sujeito a diversas interpretações, dependendo das perspectivas individuais (Malagan-Maldonado 2014).

No âmbito da plataforma de investigação qualitativa, são possíveis cinco abordagens: estudo de caso, fenomenologia, narrativa, etnografia e teoria fundamentada. Utilizámos uma abordagem qualitativa de estudo de caso para explorar as questões de investigação. A investigação de estudo de caso representa uma exploração aprofundada de um fenómeno social inserido em questões da vida prática, especialmente em situações em que o fenómeno e o contexto em que ocorre estão interligados (Yin, 2009,). A investigação de estudo de caso segue um procedimento sistemático, especialmente quando é necessária uma recolha de dados aprofundada (Cronin, 2014). Rubaie (2002) afirmou que a investigação de estudo de caso proporciona uma compreensão sólida de um fenómeno que emerge de complexidades ligadas a actividades interpessoais num contexto social amplo. Um estudo de caso qualitativo é útil em formas exploratórias, explicativas e descritivas (Yin, 2009), e é útil no estudo de acontecimentos contemporâneos em que as variáveis relevantes não podem ser susceptíveis de manipulação como podem ser num ambiente controlado (Yin, 2009). Um estudo de caso pode proporcionar uma recolha rica de dados, permitindo ao investigador observar diretamente e entrevistar pessoas ligadas ao acontecimento ou fenómeno de interesse (Cronin, 2014; Yin, 2009).

4.1 Procedimento analítico

O nosso papel de investigadores exige que observemos, recolhamos e apresentemos dados textuais honestos ou informações sobre a natureza do estudo. Ao entrevistar os participantes, aproveitámos as oportunidades inesperadas para recolher dados, sendo sensíveis às respostas dos participantes, colocando questões que suscitarão respostas que enriquecerão as conclusões do estudo. O procedimento de análise de dados em cinco etapas apresentado na figura 1 abaixo, proposto por Yin (2015), constitui o procedimento de análise de dados desta investigação. Os cinco passos dão estrutura aos dados para contrariar as críticas na literatura de que a metodologia de estudo de caso carece de uma estrutura analítica universalmente aceite (Cronin, 2014; Harland, 2014; DaMota Pedrosa, Naslund, & Jasmand, 2011).

Figura 1: Procedimento em cinco etapas para a análise de dados qualitativos

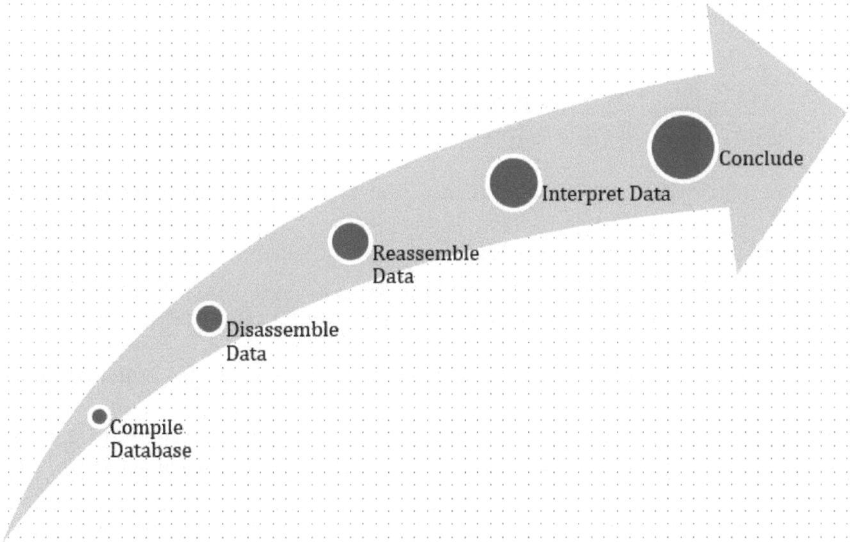

(Conceção do autor utilizando conceitos de Yin, 2015)

Uma vez concluída a recolha de dados, a compilação dos dados envolveu a triagem das notas de campo recolhidas no trabalho de campo, incluindo a organização das notas que continham dados textuais numa ordem significativa antes de se iniciar a análise. A compilação inclui a releitura repetida das notas transcritas para refrescar a memória sobre as entrevistas no terreno e as discussões dos grupos de discussão. Este exercício permitiu-nos assimilar a informação de forma mais ponderada, a um ritmo mais moderado, e deu-nos a oportunidade de relacionar os dados com a questão de investigação original. Estivemos atentos a novas perspectivas sobre questões relacionadas com as perguntas de investigação. Além disso, estivemos atentos a certas palavras utilizadas pelos entrevistados para verificar se eram importantes ou se deviam ser eliminadas. Finalmente, colocámos os dados num formato consistente, conhecido como registo de dados, que poderia ser utilizado para análise posterior, completando assim a etapa 1 do procedimento de Yin (2015).

Depois de nos familiarizarmos com os dados textuais obtidos no terreno, iniciámos a etapa 2 (Yin, 2015), a desmontagem. Dividimos os dados textuais compilados em fragmentos mais pequenos e atribuímos um rótulo a cada fragmento. Para compartimentar os fragmentos, identificámos acções de campo específicas, opiniões específicas e explicações dos participantes, atribuindo-lhes uma codificação de nível 1. Quando notámos que alguns itens eram semelhantes, colocámo-los numa categoria mais ampla; reclassificámo-los com códigos de nível 2, tal como discutido por Yin (2015).

Devido à complexidade que poderia surgir durante a codificação, decidimos codificar linha a linha as respostas dadas pelos participantes durante a entrevista e a discussão do grupo de discussão. Além disso, para tornar a desmontagem menos desajeitada, evitámos declarações de codificação repetitivas e declarações dos participantes que não estavam relacionadas com as perguntas feitas durante a entrevista. A remontagem dos dados (Yin, 2015) implicou a utilização de temas substantivos para combinar itens fragmentados em diferentes grupos, de modo a que a nova formação fosse diferente da nota original. Durante esta fase, tentámos identificar padrões, verificando se os diferentes eventos ou experiências documentados por diferentes participantes estavam relacionados entre si. Verificámos se os participantes com dados demográficos semelhantes estavam a responder de forma semelhante à mesma pergunta. Seguimos um processo recursivo de misturar e combinar os fragmentos codificados sob diferentes disposições e temas até surgirem padrões credíveis e relevantes que parecessem satisfatórios. Depois de identificar padrões credíveis e interessantes, passámos à etapa 4 (Yin, 2015), a interpretação, ou seja, procurámos uma aliança estreita dos dados com as questões de investigação. Analisámos os dados remontados, partindo de uma perspetiva mais ampla e estreitando-os em estreita sintonia com os objectivos da investigação, a fim de destacar os pontos mais importantes. Este alinhamento foi necessário porque dois investigadores independentes que tenham acesso aos dados remontados podem chegar a duas interpretações totalmente diferentes. Em vez de fornecer uma interpretação extensa, apresentámos uma conclusão focada e concisa para encerrar o processo de análise de dados em cinco etapas descrito em Yin (2015).

4.2Instrumento e recolha de dados

Neste estudo, foram utilizados dois instrumentos de recolha de dados: a entrevista em profundidade e a discussão em grupo. O processo de entrevista em profundidade implica discussões alargadas com os sujeitos de investigação, seguindo um padrão estruturado, semiestruturado ou não estruturado, com base no grau de predeterminação de uma sequência de perguntas (Janesick, 2011). Selecionámos a opção semiestruturada porque permite a combinação de flexibilidade e estrutura preferida pelo investigador. Para compreender a relação entre o conhecimento financeiro e a decisão financeira, realizámos uma discussão em grupo focal, na qual o investigador colocou questões para os participantes analisarem e discutirem (Yin, 2015). Os participantes neste estudo foram selecionados através de um método de amostragem intencional. Teddie e Tashakkori (2009) indicaram que a amostragem intencional não é aleatória; envolve uma seleção de unidades de análise com base num objetivo específico. Neste caso, o nosso alvo foram indivíduos imigrantes que residem permanentemente na cidade de Lloydminster, no Canadá. O nosso objetivo era entrevistar um máximo de 20 pessoas. Relativamente ao tamanho do grupo focal, Fusch e Ness (2015) referiram que um grupo focal razoável deve ter entre 6 e 12 participantes, de modo a que o grupo seja suficientemente pequeno para que todos possam falar e partilhar as suas experiências e crenças e, ao mesmo tempo, suficientemente grande para incluir uma diversidade de pontos de vista e opiniões. A natureza de uma entrevista de grupo de discussão é que permite uma discussão flexível e não estruturada entre os participantes do grupo (Fusch & Ness, 2015). Se for moderada por um facilitador experiente, a discussão em evolução traz à tona múltiplas visões sobre o tópico de interesse e enriquece os dados que emergem do estudo (Greenwood, Holley, Ellmers, Mein, & Cloud, 2016). Os participantes no estudo devem ser imigrantes que residam permanentemente na cidade de Lloydminster, no Canadá. Os participantes não devem ter nascido no Canadá; devem ter emigrado de qualquer país estrangeiro com a intenção de se estabelecerem permanentemente em Lloydminster, Canadá. Por outras palavras, os participantes não serão visitantes temporários no Canadá e não possuirão autorizações de estudo temporárias como estudantes internacionais. As pessoas qualificadas devem possuir uma autorização de trabalho ou o estatuto de residente permanente no Canadá, ou a cidadania canadiana. Além disso, para se qualificar para o estudo, um indivíduo deve estar empregado ou possuir uma empresa que produza um fluxo regular de rendimentos. Os participantes no estudo devem ser adultos activos, e não menores ou reformados.

Para recrutar participantes para o estudo, contactámos famílias que se mudaram de qualquer parte do mundo e vieram viver para Lloydminster, no Canadá. Os possíveis locais de contacto foram a igreja onde sabemos que a maior parte das famílias imigrantes cultua, o centro de serviços para novos imigrantes gerido pelo governo da cidade de Lloydminster; as referências boca-a-boca poderiam passar como fonte de participantes no estudo. Após o contacto com um participante disposto a participar, marcámos uma hora conveniente para a realização de uma entrevista e combinámos que o participante se juntasse a um grupo de discussão. Todas as entrevistas foram efectuadas pessoalmente com todos os participantes.

Capítulo 5. Análise de dados e resultados

Realizámos as entrevistas e a discussão do grupo de discussão num formato cara-a-cara, com o privilégio de observar a linguagem corporal e as expressões faciais dos participantes. Captámos os dados das entrevistas e da discussão do grupo de discussão utilizando um gravador digital de áudio e vídeo com rastreador de voz. Todos os participantes envolvidos no estudo vivem e têm endereço físico em Lloydminster, Alberta. As entrevistas (13 participantes) e a discussão do grupo de discussão (6 participantes) foram efectuadas, com o consentimento dos participantes, no Lakeland College, depois das 18h30 (hora da montanha), para evitar as horas de trabalho. Surpreendentemente, os participantes concordaram em participar no colégio e não nas suas casas ou escritórios. O Lakeland College é o único colégio de base comunitária em Lloydminster. Antes da entrevista, estabelecemos uma relação com cada participante e agradecemos o seu consentimento para participar na entrevista. Explicámos o processo da entrevista e a forma como os dados recolhidos foram utilizados a cada participante na entrevista ou no grupo de discussão. Também informámos cada participante de que lhe enviaríamos por correio eletrónico uma cópia da interpretação captada a partir dos dados partilhados pelos participantes para verificação pelos membros. No caso da discussão do grupo de discussão, para a verificação dos membros, cada participante teve acesso à gravação áudio após a discussão e, após a transcrição, a interpretação atribuída aos dados recolhidos foi disponibilizada a cada participante para estabelecer a validade interna. Perguntámos aos participantes se tinham dúvidas ou objecções antes de iniciarmos os procedimentos da entrevista/grupo de discussão. As entrevistas e a discussão em grupo focal foram agendadas e realizadas entre 12 e 19 de dezembro de 2016. Cada entrevista durou entre 24 e 45 minutos, enquanto a discussão do grupo de discussão durou aproximadamente 43 minutos. Uma vez concluída a recolha de dados, carregámos o documento textual em Word no NVivo 11 Pro para posterior processamento.

A primeira questão de investigação explorou as fontes de educação sobre literacia financeira para os imigrantes em Lloydminster, no Canadá. Extraímos os códigos iniciais dos dados das entrevistas importados para o NVivo 11 Pro. Começámos o processo de codificação iniciando os nós relacionados com cada fonte única de educação para a literacia financeira, tal como apresentada pelos participantes durante a entrevista. Surgiram dois temas principais: (a) instituições sociais e (b) instituições económicas. Ilustrámos os temas na Tabela 1. Os dois temas são discutidos mais adiante à luz da literatura e da base teórica que sustenta este estudo.

Quadro 1

Frequência de temas emergentes

Emergent Themes	n	% of rate of coverage
Economic Institutions	**7**	**3.10 %**
Social Institutions	**29**	**19.91 %**

Fonte Dados compilados a partir das entrevistas efectuadas no âmbito deste estudo.

As instituições económicas, em particular as instituições bancárias, surgiram como um tema durante a codificação das entrevistas com o NVivo 11 Pro. A teoria da racionalidade limitada (Simon, 1956) postula que um agente económico enfrenta limitações na tomada de decisões devido à quantidade de informação a que tem acesso. De acordo com esta teoria, um indivíduo irá contentar-se com uma solução satisfatória para um problema, uma solução que é satisfatória com base na informação à disposição do indivíduo, mas que muitas vezes não é óptima (Wu & Scott, 2016). Para tomar melhores decisões, um indivíduo tende a procurar mais informações. Os participantes neste estudo referiram que os bancos lhes forneceram informações e formação sobre conceitos financeiros quando chegaram ao Canadá. O participante P6 afirmou que "quando cheguei ao Canadá, visitei um grande banco comercial onde me ensinaram a abrir contas correntes e de poupança, a pedir um cartão de crédito, a gerir os pagamentos com cartão de crédito sem prejudicar a minha pontuação de crédito e a pagar contas online através da Internet e do banco por telefone" (comunicação pessoal, 15 de dezembro de 2016). O participante P5 indicou que "para além da formação que recebi no banco, também recebi algumas brochuras educativas para levar para casa e ler mais" (comunicação pessoal, 16 de dezembro de 2016). Estes materiais forneceram-lhe informações completas sobre o funcionamento do mercado financeiro de consumo canadiano.

Durante a codificação utilizando o NVivo 11 Pro, foi criado um nó único para o tema das instituições sociais (Tabela 1) e as seguintes estruturas sociais foram assinaladas pelos participantes, nomeadamente: igreja, famílias e amigos, Internet e meios de comunicação social, instituições pós-secundárias e local de trabalho como fonte de literacia financeira para os imigrantes no Canadá. De acordo com a teoria da racionalidade limitada (Simon, 1956), os imigrantes enfrentam limitações nas decisões económicas devido à informação limitada de que dispõem. O participante P2 disse: "quando cheguei ao Canadá, um seminário sobre finanças organizado pela igreja que frequentava na altura deu-me a minha primeira formação em literacia financeira" (comunicação pessoal, 16 de dezembro de 2016). O participante P4 referiu que "os colegas crentes da igreja ajudaram-me a compreender alguns conceitos financeiros básicos que eram novos para mim e que são necessários para me estabelecer no Canadá" (comunicação pessoal, 14 de dezembro de 2016). A procura de mais informação resultou da necessidade dos imigrantes de reduzir as limitações à decisão racional impostas pela informação limitada. Os comentários atribuídos ao tema igreja foram breves e aludidos apenas por dois participantes.

As famílias e os amigos surgem como as principais estruturas sociais que fornecem aos recém-chegados ao Canadá algumas informações básicas sobre literacia financeira. Este argumento baseia-se na teoria da racionalidade limitada (Simon, 1956). Para tomar decisões de qualidade, um agente económico deve aumentar os seus conhecimentos sobre a área de decisão em causa (Conlisk, 1996). A maioria dos imigrantes que vem para o Canadá fá-lo com base em recomendações de amigos e familiares que já residem no Canadá (Mukhtar et al., 2016; Wilson 2016). Quando os imigrantes chegam ao Canadá, este círculo de influência torna-se uma fonte de informação, e os imigrantes baseiam-se nesta informação para se estabelecerem. O participante da entrevista P1 disse: "quando me mudei da Jamaica para o Canadá, um amigo que tinha estado no Canadá antes de mim informou-me sobre a importância de ter uma excelente pontuação de crédito" (comunicação pessoal, 12 de dezembro de 2016). Esta foi uma informação valiosa para alguém vindo da Jamaica, onde não havia nada como uma pontuação de crédito ou um historial de crédito.

A participante P2 afirmou que, quando chegou ao Canadá, fez novos amigos que lhe deram dicas sobre uma série de decisões financeiras necessárias para se estabelecer no Canadá. Os participantes P3, P4 e P5 também mencionaram que os amigos que conheceram no Canadá os ajudaram a conhecer aspectos específicos do panorama financeiro canadiano. A participante P6 teve a sorte de ter um membro da família que vivia no Canadá antes de ela chegar e que lhe deu as informações financeiras de que precisava para se instalar no Canadá. A Internet e outros meios de comunicação também surgiram entre os participantes entrevistados como uma fonte significativa de educação financeira. De acordo com Barros (2010), em relação à teoria da racionalidade limitada, o antídoto para eliminar as limitações impostas pelo conhecimento atual na tomada de decisões é procurar mais conhecimento. Numa tentativa de tomar melhores decisões financeiras, os imigrantes procuram a informação de que necessitam para se sentirem confortáveis no novo ambiente. A popularidade da Internet e das redes sociais torna-as vias comuns de acesso à informação. Os participantes no estudo citaram a Internet e os meios de comunicação tradicionais, como a televisão, as revistas, os jornais e a rádio, como fontes de desenvolvimento da literacia financeira. Por exemplo, o participante P4 afirmou que "os blogues online e os sites de notícias financeiras dedicados foram boas fontes de desenvolvimento da literacia financeira para mim" (comunicação pessoal, 15 de dezembro de 2016). O participante P5 afirmou: "Verifico os comentários dos clientes na Internet antes de decidir qual o banco a utilizar para gerir as minhas finanças" (comunicação pessoal, 17 de dezembro de 2016).

O participante P6 afirmou que efectuava muitas pesquisas na Internet utilizando o Google para compreender conceitos financeiros que lhe eram novos. O participante P7 afirmou que lê regularmente jornais e revistas, em especial as secções de negócios e finanças. A participante P8 indicou que ouve comentários na rádio sobre questões relacionadas com finanças, incluindo canais dedicados às finanças, como a CNN money e a CNBC. Alguns participantes comentaram que a instituição pós-secundária e o local de trabalho lhes forneceram informações valiosas sobre conceitos financeiros básicos necessários para sobreviver no Canadá. Na tentativa de expandir os seus conhecimentos e de se prepararem para uma possível mudança de carreira, os imigrantes inscrevem-se frequentemente num programa de diploma numa instituição pós-secundária assim que chegam ao Canadá. O participante P4 disse que "ao inscrever-me num programa de negócios no Canadá, tive a oportunidade de aprender sobre o sistema financeiro canadiano" (comunicação pessoal, 15 de dezembro de 2016). O participante P11 mencionou que os colegas de trabalho, onde estava a trabalhar, o ajudaram a desenvolver o seu nível de literacia financeira. O participante P7 conseguiu um emprego num dos bancos comerciais como consultor financeiro e, durante a formação para o cargo, desenvolveu a sua literacia financeira a um nível avançado.

A segunda questão de investigação explorou a forma como os níveis de literacia financeira dos imigrantes afectam as suas decisões financeiras. A discussão do grupo de discussão foi usada para recolher dados, e os dados foram transcritos e importados para o NVivo 11 Pro para codificação e procura de temas emergentes. Havia seis participantes na discussão do grupo de discussão, representados pelos participantes 1-6. Foram identificados quatro temas principais: (a) impacto da facilidade de crédito nas decisões financeiras, (b) acordos de desconto que afectam as decisões financeiras, (c) emoções que afectam as decisões financeiras, e (d) pressão que afecta as decisões financeiras. Para garantir a fiabilidade dos resultados do estudo qualitativo, discuto estes temas à luz da literatura e dos fundamentos teóricos que sustentam este estudo. Ilustrei os temas no Quadro 2. A análise e a interpretação dos resultados acima referidos permitiram responder à questão de investigação em estudo. Utilizámos o acrónimo FD para representar a decisão financeira.

Quadro 7

Frequência de temas emergentes

Emergent Themes	**n**	**% of rate of coverage**
Pressure impacting FD*	**16**	**16.46 %**
Credit facility impacting FD	**2**	**2.49 %**
Emotions impacting FD	**7**	**2.25 %**
Discount deals impacting FD	**2**	**1.23%**

Fonte Dados compilados a partir das entrevistas efectuadas no âmbito deste estudo.

* Decisões financeiras.

A investigação sobre a relação entre a educação financeira e o comportamento financeiro tem tido resultados mistos. Enquanto alguns estudos indicaram que a educação financeira tem um impacto significativo no comportamento financeiro (Hilgert et al., 2003; Lusardi & Tufano 2015; Taylor & Wagland 2011), outros mostraram que a literacia financeira não tem um impacto consistente no comportamento financeiro (Glaser & Walther, 2013; Smyczek & Matysiewicz 2015). Glaser e Walther (2013) observaram que a literacia financeira nem sempre influencia as decisões financeiras; ou seja, um agente económico pode tomar decisões financeiras não ideais devido às circunstâncias prevalecentes, e não por ignorância. As respostas dos participantes no grupo de discussão realizado neste estudo mostraram, na sua esmagadora maioria, que a literacia financeira nem sempre influencia as decisões financeiras. Os indivíduos podem tomar decisões que podem pôr em risco as suas finanças, não por ingenuidade, mas devido a circunstâncias alheias. Os temas discutidos destacam situações emergentes que podem sobrepor-se aos conhecimentos financeiros de uma pessoa que está a tomar uma decisão financeira. O impacto da facilidade de crédito nas decisões financeiras surgiu como um tema importante na discussão do grupo de discussão. Os participantes indicaram que a mentalidade do "compre agora, pague depois" no Canadá desempenha um papel importante nas decisões financeiras. O participante P10 mencionou que "a facilidade de obter crédito levou as pessoas a tomar decisões financeiras sem considerar as repercussões" (comunicação do grupo de discussão, 17 de dezembro de 2016).

Reconheceu que muitas das suas compras não teriam sido efectuadas se não existissem facilidades de crédito. O participante P2 concordou com este facto e mencionou que a sua obrigação hipotecária atual não teria sido possível no seu país, a Jamaica, onde a norma é construir a casa com o seu dinheiro e não com fundos emprestados. O argumento anterior baseia-se no facto de a facilidade de obtenção de crédito ser um fator importante responsável pelo elevado endividamento.

Os descontos que afectam as decisões financeiras surgiram como um tema importante na discussão do grupo de discussão quando foi codificado utilizando o NVivo 11 Pro. Os descontos, ou reduções significativas do preço normal dos artigos, são frequentemente utilizados pelas lojas de retalho para atrair os clientes a comprar os seus produtos. Os participantes P1 e P2 observaram que uma oferta com desconto pode levar um indivíduo a comprar artigos de que não precisa necessariamente. A compra é efectuada simplesmente porque há uma grande redução de preço e não porque o indivíduo tem essa necessidade. Assim, a necessidade e a acessibilidade não são critérios para a compra; a redução do preço é a única razão para a compra

O impacto das emoções nas decisões financeiras surgiu como um tema importante na discussão do grupo de discussão que foi codificado utilizando o NVivo 11 Pro. Um argumento que foi consistente entre os participantes foi a ligação entre a reação espontânea e a decisão financeira motivada pela emoção. De acordo com o participante P3, as decisões financeiras não optimizadas podem ser impulsionadas pela emoção, especialmente entre as mulheres. O participante P5 mencionou que um indivíduo num estado de espírito deprimido pode subitamente considerar ir às compras para levantar o seu ânimo. O participante P6 referiu que "as nossas decisões são muitas vezes motivadas por sentimentos" (comunicação do grupo de discussão, 17 de dezembro de 2016). Especialmente quando se aproximam celebrações importantes para nós ou para os nossos entes queridos, queremos gastar, independentemente de o dinheiro ser nosso ou emprestado.

As despesas sem um plano prévio são despesas espontâneas e, muitas vezes, são efectuadas sem um plano de pagamento. Os participantes P3 e P5 afirmaram que comprar por impulso pode ser perigoso e colocar o indivíduo numa situação financeira complicada. O participante P6 observou que algumas despesas por impulso podem ser atribuídas a questões emocionais e à pressão familiar, em que um membro da família pede ajuda imediata.

A pressão que afecta as decisões financeiras surgiu como um tema importante na discussão do grupo de discussão quando foi codificada utilizando o NVivo 11 Pro. A esmagadora maioria dos participantes também apontou para o facto de os hábitos terem uma forte influência como um ponto de pressão significativo. A pressão, neste caso, refere-se a forças sociais como a família e os amigos, pessoas que têm uma forte influência nas decisões financeiras de um indivíduo. Durante a discussão no grupo de discussão, a pressão foi um tema popular que ressoou em todo o espetro de participantes. O participante P1 afirmou que a pressão impulsiona frequentemente as decisões de despesa, mesmo que a decisão não faça sentido do ponto de vista financeiro. A participante P2 foi mais direta. Disse que "os membros da família no meu país acreditam que o seu parente no Canadá está a ir excecionalmente bem e, como tal, deve ser capaz de o ajudar financeiramente quando tem uma necessidade, mesmo quando não tenho dinheiro, os membros da família pressionam-me muitas vezes a levantar dinheiro do meu cartão de crédito, incorrendo em enormes custos de juros" (comunicação do grupo de discussão, 17 de dezembro de 2016).

O participante P3 afirmou que "até a igreja pode pressionar um indivíduo a fazer donativos" (comunicação do grupo de discussão, 17 de dezembro de 2016). O participante P5 referiu que a pressão é maior para um homem com responsabilidades familiares. O participante P6 observou que a pressão aumenta frequentemente durante as épocas festivas, como o Natal, quando há uma necessidade premente de dar presentes aos entes queridos. O participante P4 acrescentou as tendências sociais à lista das pressões financeiras. Observou que existe uma pressão para atualizar um telemóvel, por exemplo, não porque este funciona mal, mas porque está disponível uma nova versão e todos os outros estão a actualizá-lo.

Um hábito é um padrão consistente de comportamento que acaba por se tornar um modo de vida. O participante P1 observou que, quando uma despesa se torna um hábito, mesmo que a sua manutenção seja dispendiosa, será repetida independentemente de fazer sentido em termos de literacia financeira. Na sua opinião, quando um indivíduo adquire um hábito de despesa, a literacia financeira torna-se inútil. O participante P2 deu um exemplo: "se um indivíduo desenvolve o hábito de comer num restaurante caro, mesmo que seja mais barato comer em casa, esse indivíduo continuará a gastar para manter o estilo de vida luxuoso" (comunicação do grupo de discussão, 17 de dezembro de 2016). O hábito torna-se assim um forte influenciador das decisões financeiras.

Capítulo 6. Conclusões e debate

A melhoria do bem-estar dos imigrantes no Canadá poderia impulsionar os esforços do governo canadiano para aumentar a população e a economia canadianas através de um programa de imigração proactivo (Dungan et al., 2013). As conclusões deste estudo mostraram que os imigrantes que participaram no estudo tiveram acesso a formação em literacia financeira a partir de diversas fontes formais e informais, o que sugere ainda que os imigrantes acedem à educação em literacia financeira a partir de fontes questionáveis, caracterizadas pelo fornecimento de informação imprecisa e pouco fiável. Se o governo pudesse fornecer formação em literacia financeira aos imigrantes seguindo um currículo sistemático, os imigrantes poderiam estar equipados com as ferramentas para tomar decisões financeiras informadas, uma situação que teria um impacto positivo no seu bem-estar. Uma vez que o Canadá tem uma economia dependente dos imigrantes, isto melhoraria o bem-estar do país.

O governo canadiano necessita de uma estrutura mais formal para dotar os imigrantes de conhecimentos financeiros quando chegam ao Canadá. Esta estrutura deveria estar disponível em todas as províncias e deveria seguir um processo sistemático de ensinar aos imigrantes como sobreviver e lidar financeiramente com o seu novo país. De acordo com as conclusões deste estudo, essa estrutura não existe. De acordo com Citizenship and Immigration Canada (2016), os imigrantes que aspiram a vir para o Canadá ao abrigo do Federal Skilled Trades Program devem passar um teste de literacia em inglês. Consideramos que a literacia financeira tem a mesma importância que a literacia inglesa e, como tal, são necessárias disposições para a educação financeira dos imigrantes. Para os imigrantes que se mudaram para o Canadá, mas que precisam de desenvolver a sua literacia financeira, o governo canadiano poderia estabelecer parcerias com organizações não governamentais (ONG) para colocar escritórios em distritos provinciais e comunidades onde os imigrantes pudessem receber formação em literacia financeira à medida que se vão integrando na sociedade canadiana.

Em segundo lugar, ao explorar a interação entre os níveis de literacia financeira dos imigrantes e as suas decisões financeiras, identificámos quatro temas principais. Os dados analisados mostraram que os imigrantes nem sempre aplicam os seus conhecimentos de literacia financeira nas decisões financeiras. De facto, um participante observou que uma coisa é ter conhecimentos de finanças, mas é diferente utilizar esses conhecimentos quando se tomam decisões financeiras (Smyczek e Matysiewicz 2015). A sociedade canadiana e, em particular, a economia canadiana, ficarão em melhor situação se os indivíduos desenvolverem os seus níveis de literacia financeira e aplicarem esses conhecimentos na tomada de decisões financeiras sensatas. Ohlsson (2012) afirmou que a qualidade das decisões financeiras tomadas por um agregado familiar determina o seu bem-estar e o seu bem-estar económico. Os bons hábitos de consumo dos indivíduos terão implicações positivas no crescimento do produto interno bruto e no desenvolvimento económico do Canadá (Rooij et al., 2011). Os hábitos de poupança parcimoniosos determinam a disponibilidade de poupanças para investimento a nível nacional (Ohlsson, 2012). Por outras palavras, uma sociedade com literacia financeira terá uma economia forte. Uma solução mais pragmática por parte do governo, como a implementação e a aplicação de um currículo formal de educação financeira para todos os imigrantes antes de terem acesso ao crédito, poderia ajudar a aumentar o nível de literacia financeira dos imigrantes e também ajudar a baixar os níveis de endividamento. Para além disso, uma publicidade bem coordenada por parte do governo, centrada nos motivos pelos quais as decisões financeiras racionais são importantes para todos, poderia ajudar a baixar os níveis de endividamento no Canadá, especialmente para os imigrantes. Em termos globais, os fundos gastos de forma adequada poderiam ajudar a aumentar o crescimento do PIB nos sectores adequados da economia e criar mudanças sociais positivas para o país no seu conjunto.

Referências

Allgood, S. & Walstad, W.B. (2011). The effects of perceived and atual financial knowledge on credit card behavior. *Instituto Financeiro de Redes da Universidade Estadual de Indiana Documento de Trabalho 2011-WP-15.* doi:10.2139/ssrn.1896365

Amoyaw, J. A., & Abada, T. (2016). Ajudá-los beneficia-me? Examinar o custo e o benefício emocional do comportamento de remessa pecuniária dos imigrantes no Canadá. *Social Science & Medicine, 153,* 182-192. doi:10.1016/j.socscimed.2016.02.007

Atkinson, A., & Messy, F. (2012). *Medir a literacia financeira:* Results of the OECD / international network on financial education (INFE) pilot study Paris: Organização para a Cooperação e Desenvolvimento Económico (OCDE). Recuperado de http://www.oecd-ilibrary.org/finance-and-investment/measuring-financial-literacy_5k9csfs90fr4-en

Avni, A. E. (2012). *Skilled worker immigrants' pre-migration occupation re-entry experiences in Canada* (Dissertação de Mestrado). Disponível em ProQuest Dissertations & Theses Global. (UMI No. 1151846921).

Barros, G. (2010). Herbert A. Simon e o conceito de racionalidade: limites e procedimentos. *Revista Brasileira de Economia Política, 30,* 455-472. doi:10.1590/S0101-31572010000300006

Bonikowska, A., Hou, F., & Picot, G. (2016). Novos imigrantes à procura de novos lugares: The role of policy changes in the regional distribution of new immigrants to Canada. *Growth and Change.* doi:10.1111/grow. 12144

Bucher-Koenen, T., Lusardi, A., Alessie, R., & Van Rooij, M. (2014). How financially literate are women? An overview and new insights (No. w20793). *Gabinete Nacional de Investigação Económica.* doi:10.3386/w20793

Capuano, A., & Ramsay, I. (2011). What causes suboptimal financial behaviour? Uma exploração da literacia financeira, das influências sociais e da economia comportamental. *Documento de investigação sobre estudos jurídicos da Universidade de Melbourne*, (540). doi:10.2139/ssrn.1793502

Cidadania e Imigração do Canadá. (2016). Percentagem de famílias com dívidas, 1999 e 2012. Retirado de http:// http ://www.cic.gc.ca/english/about_us/reports.asp

Conlisk, J. (1996). Porquê racionalidade limitada? *Journal of Economic Literature, 34,* 669-700. Retirado de https://www.aeaweb.org/journals/jel

Cull, M., & Whitton, D. (2011). Níveis de literacia financeira dos estudantes universitários: Obstáculos e ajudas. *The Economic and Labour Relations Review: ELRR, 22*(1), 99114. doi:10.1177/103530461102200106

De'Armond, D. (2010). Um exame empírico da eficácia do tema da mensagem de literacia financeira entre estudantes universitários: Debt or saving? *Journal of Global Business Management, 6(2),* 1-6. Obtido em http://www.jgbm.org/

Dungan, P., Fang, T., & Gunderson, M. (2013). Impactos macroeconómicos da imigração canadiana: Results from a macro model. *British Journal of Industrial Relations, 51*(1), 174-195.doi: 10.1111/j.1467-8543.2012.00905.x.

Elsayed, K., & Wahba, H. (2016). Reexaminando a relação entre a gestão de estoques e o desempenho da empresa: Uma perspetiva de ciclo de vida organizacional. *Future Business Journal, 2*(1), 65-80. doi:10.1016/j.fbj.2016.05.001

Agência do Consumidor Financeiro do Canadá. (2014). Estratégia nacional para a literacia financeira: Conta comigo no Canadá. *Publicação do Governo do Canadá.* Obtido em http://www.fcac-acfc. gc.ca/Eng/financialliteracycanada/strategy

Fuller, S., & Martin, T.F., (2012). Previsão de sequências de emprego de imigrantes no primeiros anos de colonização. *International Migration Review, 46* (1), 138-190. doi:10.1111/j 1747-7379.2012.00883.x.

Friedman, M. (2016). *A theory of the consumption function.* São Francisco, CA: Pickle Partners Publishing.

Fusch, P. I., & Ness, L. R. (2015). Já chegámos lá? Data saturation in qualitative research (Saturação de dados na pesquisa qualitativa). *The Qualitative Report, 20,* 1408-1416. Recuperado de http://www.nova.edu/ssss/QR/QR20/9/fusch1

Glaser, M., & Walther, T. (2013). *Correr, andar ou comprar. In financial literacy, dualprocess theory, and investment behavior.* Recuperado de http://www.busman.qmul ac.uk/newsandevents/events/eventdownloads/bfwg conference 2013acceptedpapers/114912

Greenwood, N., Holley, J., Ellmers, T., Mein, G., & Cloud, G. (2016). Estudo qualitativo de grupo de foco investigando experiências de acesso e envolvimento com serviços de assistência social: perspectivas de cuidadores de diversos grupos étnicos que cuidam de sobreviventes de AVC. *BMJ open, 6(1),* doi.10.1136/ bmjopen-2015-

009498

Green, D., Liu, H., Ostrovsky, Y., & Picot, G. (2016). Immigration, business ownership and employment in Canada (Imigração, propriedade de empresas e emprego no Canadá). *Analytical Studies - Research Paper Series Statistics Canada - Catalogue no. 11F0019M, n.º. 375.* Recuperado de http://www.statcan.gc.ca/pub/11f0019m/11f0019m2016375-eng.pdf

Hilgert, M. A., Hogarth, J. M., & Beverly, S. G. (2003). Gestão financeira das famílias: The connection between knowledge and behavior. *Boletim da Reserva Federal, 89,* 309-322. Recuperado de http://www.federalreserve.gov/pubs/bulletin/2003/0703lead

Janesick, V. J. (2011). *Exercício de alongamento para investigadores qualitativos* (3.ª ed.). Thousand Oaks, CA: Sage

Keown, L. (2011). O conhecimento financeiro dos canadianos. *Componentes da Statistics Canada.* Recuperado de http://en.copian.ca/library/research/stats/financial_knowledge/financial_knowledge.pdf.

Korutaro Nkundabanyanga, S., Kasozi, D., Nalukenge, I., & Tauringana, V. (2014). Condições de empréstimo, literacia financeira e acessibilidade ao crédito formal. *Revista Internacional de Economia Social, 4,* 342-361. doi:10.1108/IJSE-03- 2013-0075

Lusardi, A., & Mitchell, O. S. (2013). A importância económica da literacia financeira: Theory and evidence. *Journal of Economic Literature, 52(1)* 5-44. doi:10.1257/jel.52.1.5

Lusardi, A., & Tufano, P. (2015). Literacia da dívida, experiências financeiras e sobre-endividamento. *Journal of Pension Economics and Finance, 1 4*, 332-368 doi:10.1017/S1474747215000232 .

Malagon-Maldonado, G. (2014). Pesquisa qualitativa em design de saúde. *HerdHealth Environments Research & Design Journal,* 7(4), 120-134. doi:10.1177/193758671400700411

Modigliani, F., & Brumberg, R. (1954). *Utility analysis and the consumption function: An interpretation of cross-section data.* Em K. Kurihara (Ed), *PostKeynesian economics.* New Brunswick, NJ: Rutgers University Press.

Morissette, R., & Galarneau, D. (2016). Participação no mercado de trabalho de esposas de imigrantes e nascidas no Canadá, 2006 a 2014. *Statistics Canada, Catalogue no. 11-626X.* Obtido em http://www.statcan.gc.ca/pub/11-626-x/11-626-x2016055- eng.pdf

Mukhtar, M., Dean, J., Wilson, K., Ghassemi, E., & Wilson, D. H. (2016). "Mas muitos desses problemas são sobre fundos": Os desafios que as agências de assentamento de imigrantes (ISAs) encontram num ambiente suburbano em Ontário, Canadá. *Journal of International Migration and Integration, 17,* 389-408. doi:10.1007/s12134-015-0421-5

Nadeau, S. (2011). *A contribuição económica da imigração no Canadá. Recent developments what do we know? O que é que isso significa para a política?* Documento apresentado no Grupo de Investigação sobre a Economia da Imigração, Universidade de Otava. Obtido em http://socialsciences.uottawa.ca/economicsimmigration/sites/socialsciences.uottawa.ca.economics-immigration/files/archive_0/Synthesis_wp.pdf

O'Donovan, K. N. (2016). Bem-estar financeiro e estudantes de graduação. *BU Well, 1*(1), *10.* Recuperado de http://digitalcommons.butler.edu/cgi/viewcontent.cgi7articleM011 &context=buwe ll

Ohlsson, C. (2012). A retórica da literacia financeira. *Journal of Interdisciplinary Economics, 24*(1), 55-75. doi:10.1177/0260107912471459

Oreopoulos, P. (2011). Porque é que os imigrantes qualificados têm dificuldades no mercado de trabalho? Uma experiência de campo com treze mil currículos. *Jornal Económico Americano: Política Económica, 5*(4), 148-171. doi:10.1257/pol.3.4.148

Peters, F., & Vink, M. (2016). 19 A naturalização e a integração socioeconómica dos imigrantes: A life-course perspective. *Handbook on migration and social policy.* Surrey, UK: Edward Elgar Publisher.

Pooler, J., & He, J. (2016). Editorial: Migração: International and intranational dimensions. In *Geography research forum* (Vol. 23, pp. 1-3). Recuperado de http: //raphael .geography.ad.bgu.ac. il/oj s/index.php/GRF/article/viewF ile/256/248

Raina, N. (2014). Alfabetização financeira e aconselhamento de crédito, uma solução do lado da demanda para a inclusão financeira (um estudo de iniciativas de bancos comerciais programados selecionados na Índia). *Jornal do Pensamento sobre Comércio e Gestão, 5,* 659-675. doi:10.5958/0976-478X.2014.00013.5

Ricaldi, L., Finke, M. S., & Huston, S. J. (2013). Literacia financeira e recompensas de cartão de crédito encobertas. *Journal of Financial Services Marketing, 18(3)*, 177-187. doi:10.1057/fsm.2013.11

Rooij, M. V., Lusardi, A., & Alessie, R. (2011). Financial literacy and stock market participation (Literacia financeira e participação no mercado de acções). *Journal of Financial Economics, 101*, 449-472. Recuperado de http ://hdl. handle.net/10419/25528.

Samkin, G., Pitu, E., & Low, M. (2014). Identificar as competências de literacia financeira necessárias para gerir uma pequena empresa da Nova Zelândia. *The E - Journal of Business Education & Scholarship of Teaching, 8(* 1), 44-66. Recuperado de http://www.ejbest.org/upload/eJBEST_Samkin,_Pitu_Low_-_8(1)_2014

Sarnovics, A., Mavlutova, I., Peiseniece, L., & Berzina, S. (2016). Melhoria da literacia financeira como uma tarefa de educação financeira para a população da Letónia. In *Business challenges in the changing economic landscape* (Vol. 2. pp. 365-389). doi: 10.1007/978-3-3-319-22593-7_27

Setterfield, M., & Kim, Y. K. (2016). Household borrowing and the possibility ofconsumption-driven, profit-led growth". *Institute for New Economic Thinking Working Paper Series,* (39). Recuperado de http://repec.umb.edu/RePEc/files/2016_01

Singh, U. (2014). A literacia financeira e a estabilidade financeira são dois aspectos de uma economia eficiente. *Jornal de Finanças, Contabilidade e Gestão, 5*(2), 59-76. Retrieved from http://www.gsmi-ijgb.com/Documents/JFAM%20V5%20N2%20P04%20Upendra%20Singh%20-Financial%20Literacy%20and%20Financial%20 Estabilidade

Simon, H. A. (1956), Rational choice and the structure of the environment. *Psychological Review, 63(2),* 129-138. doi:10.1037/h0042769

Smyczek, S., & Matysiewicz, J. (2015*)*. A literacia financeira dos consumidores como ferramenta de prevenção de futuras *crises* económicas. *Revista de Negócios, 36*(1), 19-33. Recuperado de http://www.stjohns. edu/sites/default/files/tcb/reviewofbusinesssummer2015lr

Steele, P., & Anderson, C. (2016). Aconselhamento sobre empréstimos para estudantes de pós-graduação e profissionais: A necessidade de uma educação alargada em matéria de literacia financeira. *Documento de investigação do Access Group Center for Research & Policy Analysis* (16-02). Recuperado de https://www.accessgroup.org/research

Steen, A., & MacKenzie, D. (2013). Stress financeiro, literacia financeira, aconselhamento e o risco de ficar sem casa. *Jornal Australasiano de Contabilidade, Negócios e Finanças, 7*(3), 31-48. doi:10.14453/aabfj.v7i3.3

Strauss, K., & McGrath, S. (2016). Migração temporária, emprego precário e relações laborais não livres: Exploring the 'continuum of exploitation' in Canada's temporary foreign worker program. *Geoforum.* doi:10.1016/j.geoforum.2016.01.008

Taylor, S., & Wagland, S. (2011). Literacia financeira: A review of government policy and initiatives. *Australasian Accounting Business & Finance Journal, 5*(2), 101-125. Obtido em: http://ro.uow.edu.au/aabfj/vol5/iss2/7

Worthington, A. C. (2013). Literacia financeira e programas de literacia financeira na Austrália. *Journal of Financial Services Marketing, 18,* 227-240.

doi:10.1057/fsm.2013.18

Wu, N., & Scott, H. (2016). Um novo modelo de deteção de mudança de imagem e algoritmo de otimização baseado na teoria dos jogos sob as condições de racionalidade limitada. *Jornal Internacional de Segurança e suas Aplicações 10,* 317-330 doi: 10.14257/ijsia.2016.10.4.29

Yin, R. K. (2015). *Pesquisa de estudo de caso: projetos e métodos* (5ª ed.). Thousand Oaks: Sage.

Zuhair, S., Wickremasinghe, G., & Natoli, R. (2015). Migrantes e literacia financeira auto-relatada. *International Journal of Social Economics, 42,* 368-386. doi:10.1108/IJSE-09-2013-0203

MIX
Papier aus verantwortungsvollen Quellen
Paper from responsible sources
FSC® C105338

Printed by Books on Demand GmbH, Norderstedt / Germany